홍시

홍시 이든시인선 155

김부치 시집

이든북

서문

네 번째 이야기

  네 번째 시집을 내면서 여러모로 교차되는 마음을 감출 수가 없어 많은 생각을 했다.
  시와 감정은 가난해도 꿈까지 가난할 수가 없어 시간이 날 때마다 여러 사람이 공유할 수 있는 글을 쓰려고 나름대로 노력했다.
  시란 삶의 깊이와 어둠을 채굴한다는 말과도 크게 다르지 않지만 문학이란 세상과 야합하지 않아야 한다.
  글감은 찾아 나서는 것이 아니라 내 안의 시심을 찾아 사물을 보는 예리한 통찰력이 또한 있어야 했다.
  그러나 감정과 눈물이 없는 인공지능의 시대에 살고 있다는 것도 받아들여야 했다. 물이 흘러야 다시 만날 수 있듯이 우리는 끊임없이 대화를 나눔으로 아름다운 공동체를 이룰 수 있다.
  특별히 관심과 응원을 해준 가족과 이영옥 시인님께 감사를 드리며 하나님의 축복이 있길 기도합니다.

| 차 례 |

서문 네 번째 이야기 ———— 05

제1부 강가에 핀 들꽃

샐비어의 향기 ———— 13
뿌리 ———— 14
파리 목숨 ———— 16
홍시 ———— 18
가을하늘 ———— 19
아버지의 등속 ———— 20
어머니의 이야기 ———— 22
호숫가에서 ———— 24
강가에 핀 들꽃 ———— 25
메밀꽃 ———— 26
진실한 눈물 ———— 27
배가 고파도 ———— 28
찻잔 속의 가을 ———— 30
한 개비의 성냥 ———— 31
얼음 ———— 32
진달래 ———— 33
수선화 ———— 34

제2부 봄바람은 달다

아름다운 비밀	37
허송세월	38
가을 나무	40
그대는 누구인가요	41
고독사	42
바람 소리	44
코스모스 갓길	45
금붕어의 자유	46
나비와 유채꽃	48
봄바람은 달다	49
낙엽과 여인	50
반딧불의 꿈	52
아! 첫눈이다	54
어머니	55
언어를 건설하는 도서관	56
제비의 꿈	57
풀잎	58
해바라기의 사랑	59

제3부 저 하늘에서 눈이

전설 같은 눈 이야기 —————— 63
신발 —————— 64
원시인의 사랑 —————— 66
요술지팡이 —————— 68
민들레 —————— 69
배려와 귀싸대기 —————— 70
바람과 여인 —————— 71
봄이 그리워 —————— 72
조간신문 —————— 73
여동생 —————— 74
양파의 일기 —————— 75
여인과 바다 —————— 76
영춘화 —————— 78
저 하늘에서 눈이 —————— 79
대청호 오백리 길 —————— 80
혁명 —————— 82
누룽지 한 그릇 —————— 83
호롱불 —————— 84

제4부 오늘 하루도

매화꽃	87
메아리	88
나무의 생각	89
꽃밭과 커피 향	90
꿈 같은 이야기	91
눈물은 용서와 화해를	92
바람과 나	93
꽃의 밑그림	94
소풍	95
술래잡기	96
오늘 하루도	97
겨울 이야기	98
관광버스	100
사진의 의무	101
영혼의 고향	102
눈꽃은 아름답다	104
꿀벌	105
한마음 체육대회	106

제1부

강가에 핀 들꽃

샐비어의 향기

샤넬 향수보다
깨꽃향기가 얼마나 고소했는지
낭비하고 싶지 않소

그 이상도 그 이하도 아닌 매력에
가슴속까지 침전되는 붉은 향기를
구겨지지 않도록 간직하겠소

온갖 바람의 멀미 속에서 꽃잎마다
짜릿한 향기가 콧등을 세워주는
신실한 믿음이 있기 때문이요

뿌리

저기 나무를 봐
실뿌리가
어둠을 뚫고 있어

산과 산이 마주 보며 뿌리끼리
엉키고 동여맺어
허기진 도벌꾼이 웅성거렸어

삽과 칼날이 연한 살점을 자로 잰 듯 자르고
핏물이 파괴된 채
굽은 길을 지나 소금밭 자갈길을 지났어

별들이 차지한 하늘을 바라보며
심상치 않다는 것을 느꼈어

이제 어떤 귀족의 나무가 아니야
정원수야
그래야 살 수 있어

수없이 잘려나간 아픈 가지들
무례한 그의 만행을 어찌할 수 없어
움직일 수 없는 심신의 파편

나는 나약한 부족이었나 봐

파리 목숨

세상 냄새가 난다
어미가 된
황금빛 똥파리 앉았다

파리채를 들고
생명인데 살려줄까 말까
헛방을 쳐 주자

요게 날 잡아라 휙 날아올라
한쪽 손에 깃발을 들고
제 자리에 앉는다

똥만 먹고살 수 없지 않소
말씀도 먹고살아야지

황금색 띠를 두르고 시위를 하다
자유가 죽음으로 다가올 때
죽음이 바르르 떠는 비행

유언도 없이 죽는 표정
헛방에 하늘을 휙 날아본 천국
다시는 집으로 돌아가지 말자

홍시

그토록 떫은 땡감
속과 겉이 붉게 물들기까지
천둥번개 머금은 채
별처럼 매달린 홍시 천 개
한 폭의 정물화인가

달빛도 시린 가을
감나무집 개가 제 그림자에 놀라
짖어대던 초저녁
배고파 우는 새끼 고양이
홍시의 시어들이 남김없이 떨어질 때

개들은 다시 짖지 않았다

가을하늘

저기요!

파란 하늘을 보세요

그리고
구름이 피워낸 꽃을 보세요

저렇게 아름다울 줄 몰랐어요.
각박한 일상이지만
예쁜 것은 기쁨이고 행복이래요

잠시만 명상에 잠겨보세요

더 이상
어둠이 없는
단풍잎처럼 행복할 거예요

아버지의 등속

아버지의 등은 굽었지만 마음까지 굽지 않았습니다
까끌까끌한 턱수염 속에 아버지의 강인함과
부드러운 어머니의 젖꼭지에서 사랑을 느꼈습니다

굽은 아버지의 등은
낙타의 등보다 더 깊어 볼 수 없고
등속을 아는 사람은 아버지뿐입니다

등을 지척에 두고서도
뒤를 돌아볼 수 없었던 가려움도
시원하게 긁어주지 못했습니다

남자는 세 번 이상 눈물을 보이자 말라는 속담을
새기며 살아온 어느 날 힘없이 와르르 무너질
육신을 생각해 볼 여유가 없었습니다

걸어온 길도 남은 길도 말씀에 젖고
땅에 떨어진 씨앗이 푸른 초장을 이루듯
나의 땀방울은 풀잎처럼 푸르렀습니다

가장의 존재를 잊어버리면 가슴을 잃는 일이요
가슴을 잃어버리면 나를 잃게 될까
긴장 속에서 잠 못 이루는 날도 많았습니다

때로는 허파에 바람 든 듯
허허 웃다 보면 한없이 작아지는 모습이
주름살 속에 못다 한 물음표만 남았습니다

부모라고 해서 완벽하며 실수가 없고
눈물도 자존심도 없다는 것은 어떤 의미일까요
가정과 자식을 위해 사랑을 주기 위함이었습니다

자식 출가하고
미루던 취미도, 여행도 꿈도
이윽고 날개를 펼치지 못했습니다

이제 촌발 날리며 큰소리치던 시절도 그립고
신호등도 없는 하늘을
기러기처럼 날고 싶습니다

어머니의 이야기

귀를 기울여봐
엄마의 이야기가 들릴 거야

바람 따라 발레를 하는 구름처럼
엄마를 스케치를 해봐

심장이 뛰는
엄마의 가슴속에 우리가 들어있어

언제나
자식에 대한 예쁜 비밀을 가지고 사셨지

눈물이 이슬이 되도록
추억을 책장 넘기듯 사셨지

조금 늦은 밤에도 은하수를 밟고 오셨지
서두르거나 두려워하지 말랬어

엄마가 준 사랑을 꼭 쥐어봐
따뜻함을 느낄 수 있을 거야

호숫가에서

호숫가에는
원앙들이 물방울을 굴리고
일제히 날아올라 대국을 보았네

반대편 언덕에 백발노인이
달빛에 떠 있는 잉어 같은 구름
무슨 수로 한 섬을 낚을까

새벽바람에
주름치마 일렁이는 호수
거문고 줄처럼 옥같이 곱네

촛불 같은 별들이 호수가 그리워
끝내 떠나지 못해
큰 눈을 뜨고 밤을 새우네

강가에 핀 들꽃

비 오는 날이면
한시바삐 빠져나가는 구름사이로
봄, 여름, 가을 겨울이 지나가지요

이름도 없이 저마다 예쁜 꽃을 피우기 위해
옷섶을 다듬고 있었지요

마파람 불면 가슴을 열고
향기를 맡아 보았지요

강의 길이나 깊이를 재지 않고
강물에 얼굴을 비춘다면 얼마나 아름다울까요

내님이 그리워
꽃잎하나 띄울 수 있는 연정은
마지막 안부를 전하는 일이지요

메밀꽃

설원雪原 같은 미모의 구름이
버드나무 가지처럼 산허리를 감싼다

파도의 거품이
소금밭이 된 꽃밭에
나비들이 사춘기를 보내고 있다

고요하고 슬픈 것 하나 없는
도화지 같은 들녘
흔들리는 것은 숨 쉬는 몸짓이다

진실한 눈물

엉엉 울어보세요
진정한 눈물이라면 눈물 꽃이
필 수 있습니다

위로의 눈물이 될 수 있습니다
거창한 눈물이 아니라
치유의 눈물이
가슴을 촉촉이 적실 수 있는 눈물 말입니다

눈물은 단단하거나 향기가 없지만
강하고 부드러운 힘이 있습니다

눈물이 마르면 순수함도 이성도 그 무엇도 없습니다
당신의 눈물은 옹달샘처럼 솟아오릅니다
믿어 의심치 않습니다

배가 고파도

설익은 시 한 편 팔 수 있을까?
팔까 말까

운수 좋은 날
쌈짓돈 만지작거리다
동전 몇 닢 받아
메밀꽃 닮은 쌀 한 됫박

쌀알을 헹군
막걸리 같은 뜨물
호박, 감자, 두부, 된장
설익은 문장이 부글부글

텅텅 비어서 출렁대는 뱃가죽
아~ 며칠 먹을 수 있을까?

헛배가 부르면
낱말을 꿰맬 바늘이 무디어지고

시도 귀를 열어야 언어들이 불이 붙고

그 열기로

시 한 편 삶으면 평생 배부를 일

찻잔 속의 가을

가누지 못한 숱한 낙엽
수액이 말라도 이토록 빛나는 것은
새벽바람이 불어오기 때문이다

푸른 산인가 했더니
한 꺼풀을 벗겨준 세월이 저렇듯이 물들고
단풍잎 깔았으니 사뿐사뿐 걸으소서

가을 하늘이 높고 푸르듯
당신과 주고받은 푸른 시들이 찻잔 속
낙엽이 될까 심히 걱정이 되오나

하늘에 물감을 뿌린 듯
화폭 속에는 그대가 그려져 있으니
얼마나 감사한 일인가

한 개비의 성냥

작은 거인은 불을 꿈꾸고
심령이 타고 산이 타고 울음을 태우는

이렇게 큰 일이 일어날 줄이야

불은 불끼리 거래하고
자신도 태워버린 원시인
진액이 따갑게 달라붙어 좀처럼 꺼지지 않는
불속에 숨어 있는 도깨비불

푸른 죽음 위에 까만 뼈들이 불 위에 누워
생명은 하나하나씩 살아나
순금으로 장식한 푸른 풀꽃이 완벽하게 산을 덮는다

얼음

얼음이 얼음을 녹일 수 없어
냉가슴을 앓듯이

산고의 고통을 지나
빙산을 무너뜨리는 태양빛이 있듯이

사랑의 열기로 실금이 난 호수도
아프지 않듯이

한 겹씩 녹아내려
맑은 눈물을 흘리는 고드름이 있듯이

진달래

진달래꽃이 차지한 산
분홍치마는 곱게 빛난다

입술을 살포시 비벼주는 나비여
너는 사랑꾼인가

사랑을 해 봤느냐고
물으면

나는 깔깔 웃다가
얼굴이 더 붉어졌지

언제인가 한 번은 떨어질 무수한 꽃잎들
그 고요 속에 바람 같은 영혼이여

무엇이 두려운가
낙화한 꽃잎은 시방의 자리에서
얼마나 아름다운가

수선화

봄이 온다는 것은 기쁜 일
물뿌리개처럼 봄비가 내리는 하늘이
참 고마운 일이다

이제 걱정 마라

입김보다 가벼운 안개
언덕을 가볍게 오르고 있지 않느냐

우듬지까지 피는 꽃을 보라
누구도 우리의 아름다움을 꺾을 수 없다

두 손을 들고 인류의 평화를 위해
기도하는 수선화다

봄의 문이 닫혀도 훈풍은 불어
언제나 한두 살 나이로 피리라

제2부

봄바람은 달다

아름다운 비밀

굳게 약속한 믿음도 말할 수 없어
냉가슴을 앓았습니다

우리의 뜨거운 사랑을 눈치챌까
뼛속에 숨겨 두었습니다

여전히 허공을 돌고 있는
목숨 같은 맹세를 언제쯤 말할까요

아름다운 비밀은
백지만이 알고 있습니다

끝까지 가슴에 숨기고
무덤까지 가겠습니다

허송세월

이슬로 술 한 잔
설익은 구름 한 접시
바다에 뿌린 햇빛가루

콩잎에 매달린 이슬방울처럼
눈부신 콩자반
별꽃 강정은 빛이 난다

장터에선 퉁소와 피리를 불며
향수 뿌린 삐딱 구두와
빨간 입술 밑에 흐르는 옹달샘

그 언덕에 날카로운 비수를 꽂고
꽃동산을 넘어 뽀얀 살결 늘씬한 몸매
황금빛 꿈이 무너지며

흥청망청 인어와 꽃놀이
꾀꼬리 뻐꾸기 종다리 산울림

허기진 애창가를 부르며
호들갑을 떨다가

무력한 사내는 골목마다 술잔이 넘친다
몇 십 년 동안 누린 것
잠시 지상에 머물던 세월을 기억한다

가을 나무

참 기특한 것은
눈이 없어도 땅과 하늘을 보며

두 팔을 벌리고
대국과 새들의 노래를 듣는다

나무가 되어 보지 않고서
나뭇잎이 흔들리는 것을 모른다

그대는 누구인가요

밤마다 호수 위에 비치는 초록별이
당신인가요

동화 속 유리구두를 신은 공주가
당신인가요

동서 풍에 그림자 하나 남기고 떠나는 구름이
당신인가요

등대 불빛에 파도를 타고 오는 이가
당신인가요

태양빛을 가슴속에 묻어 주고 살며시 지는 노을이
당신인가요

토방 밑에 핀 민들레 창 사이로 스며드는 향기가
당신인가요

쥐도 새도 모르게 살포시 가는 이가
당신인가요

고독사

인간만이 경험하는
고독의 본질은 철학이다

부자의 정의는 무엇인가
살아있는 자체가
창조할 수 있는 정의가 아닌가

예수 시대에는 가난과
순교가 숭배를 받았으나
고통과 슬픔으로 미화되지 않았는가

선사시대의 생활과
인공지능 시대
심장도 없는 종이 지폐의 빈부격차가 아닌가

가족과의 단절 사회적 타살, 무관심
정서적인 모독 분노
특별한 사람만 경험하는 일이 아니다

귀신도 관직에서 쫓겨나는 나라
무의식 속에 어둠의 통로를 지나
고통의 자유는 새롭게 진화한다

희망도 꿈도 바람꽃
외로움이 지독한 고독이라면
이렇게 기도를 해봐라

주여
이 죄인을 붙들어 주옵소서

바람 소리

이월에 부는 바람은 저리도 싸늘할까
추위에 피는 영춘화 노란병아리 같네

삼월에 부는 바람은 이리도 얌전할까
백목련은 백조의 날개 같네

사월에 부는 바람은 어찌 그리 변덕이 심할까
연지곤지 바른 진달래 새색시 같네

오월에 부는 바람은 솜처럼 부드러울까
붉은 장미의 향기는 연인을 부르네

유월에 부는 바닷바람은 짠맛이 날까
천일사초와 해란초 갯메꽃이 잔치를 벌이고 있네

코스모스 갓길

나비 한 쌍
달콤한 사랑에 빠져

가슴을 졸라매고
갓길에 뿌린 씨앗

분홍 언니와 노란 동생이
하늘하늘 피어
엄마를 부르고 있다.

금붕어의 자유

맑은 물과 조명등 산소 호흡기
이곳이 천국인 줄 알았다

지느러미의 탈춤은
예쁠수록 결박되는 인간의 술수다

감시병의 눈을 피해
성에 낀 유리벽을 오르다
피멍이 들어도 언제인가는 탈출을 해야 한다

벌건 대낮에 끊임없는 비명소리
목숨 하나 익사하는 진홍의 슬픔이여
자유에는 피의 냄새가 섞여 싸늘하다

끊임없이 분노를 피워 올리는 산소방울
쓰러지고 꺼꾸러져도
자유의 사상은 끝까지 지켜져야 한다

나의 항해일지를 아시는가

얼마나 아파야

자유를 찾을 수 있을까

야위어 가는 붉은 아가미

아무런 죄도 없이

시방의 자리에서 얼마를 더 살아야 하는가

나비와 유채꽃

바람 부는 날이면
기름칠한 날개를 다듬고
나지막한 유채꽃밭을 날고 있다

미처 피지 못한 꽃봉오리의 가슴은
나의 겨드랑이만큼 부드럽다

날지 못하는 눈물이 남아있다면
유채꽃도 피지 않는다

봄바람은 달다

왠지
봄바람은 간지럽고 달콤하다

꽃이 미소로 피는 사월
옹기종기
몇 뿌리 모여 살다

저 꽃은 누구의 꽃입니까?
이 꽃은 누구의 꽃입니까?
부르다

피는 꽃이 있으므로 지는 꽃이 있듯이
지는 꽃은 불러도 대답이 없고

살아 있는 꽃들이
이름을 달콤하게 불러줌으로
입술이 부딪치며 사랑이 물들고

겨울 먼지 털어낸 창가에
봄빛 가루 흩날리네

낙엽과 여인

한 때 싱싱했던 나뭇잎
목숨의 한 끝을 내리고 부활의 꿈을 꾼다.

소슬바람에 귀뚜라미는
뼈가 시린 듯 구슬프게 울고
동구 밖 굴뚝연기 아련하다.

공원의 의자에 떨어진 낙엽을
가녀린 손끝으로
살포시 밀치고 한 여인이 앉았다.

우윳빛 손으로 깻잎 개듯 한 잎 두 잎
책갈피에 꽂고
가을의 음향을 간직한 채 살며시 눈을 감는다

미풍에 갈색머리 날리며
외부와 내부의 시간이 교차되는 공간을 지나
먼지가 부옇게 쌓인 현관문을 연다

사랑과 영혼이라는 책을 몇 장 넘기다
여운이 담긴 낙엽을 만지며
혼자라는 것은 얼마나 외로운가를 느끼는 것 같다

낙엽도 사람 같아서
과거를 안겨주는 신의 배려일까
동그라미를 그리며 그대가 나타난다

사랑은 한꺼번에 안겨주지 않는다는
진실 앞에서
아름다운 이별이란 없는가

가슴이 두근거린다
얼마나 기다려야 봄이 올지
그리운 사랑은 한 세상을 더 사는 폭이다

반딧불의 꿈

빛이 어둠으로 갇혀버린 밤
밤을 새워 보지 않은 사람은
밤이 얼마나 외로운지 모른다

빛의 광채가 위대하듯
깜짝 놀란 어둠이 얼마나 아팠으면
숨겨두었던 등을 밝혔을까

패자도 승자도 없는 빛과 어둠이
공존하는 조화가 아름답다

하루살이가 물었다
무슨 빛이 이리 장엄하냐고
태초의 빛이라 했다

모든 숲이 잠들 때
마지막 남아있는 꽃등 하나 걸려있다

어둠을 수 없이 헹궈내던 새 아침
새들도 눈을 떴다

생명이 있는 모든 것은
지는 꽃잎처럼 어둠과 빛 속에서
슬픔이 있다

아! 첫눈이다

첫눈은 동심의 꿈
섬세함과 부드러운 촉감

밤새도록 움츠린 나뭇가지들
무수히 내리는 눈이 산을 덮는다

나뭇가지 위에
눈꽃이
등불처럼 환하다

참새들이 대숲으로 날아들고
밥 짓는 연기에

쪼르륵 쪼르륵
어머니 냄새가 난다

녹는 눈은 차갑고
쌓인 눈은 온돌처럼 따뜻하다

어머니

구름 속에 가린 어머니
무지개 닮았네

활처럼 굽은 허리로
살금살금 걷는 어머니

꽃신 신고
하늘나라 구경하시네

어머니 마음 한 잎 두 잎 꽃이 되어
향기가 진동하네

세상에서 제일 아름다운 이름은
내 어머니여

속절없이 구원을 꿈꾸며
살아있는 혼은 더 그립다

언어를 건설하는 도서관

때때로

책을 읽다가 잃어버린 언어를 찾다가
자연을 읽다가 세상을 읽다가

간신히 마누라를 읽다가 자식을 읽다가
손자를 읽다가
현실을 읽다가 미래를 읽다가

도서관을 나설 때

속주머니가 두둑하다.
궁금해 꺼내보니 빈손

몇 개의 낱말들이 꿈틀거린다.
내일도 모레도 도서관에 꼭 와라
새빨간 능금을 주겠다고

제비의 꿈

제비 세끼 입 벌림
봄꽃 같고
풍선처럼 날개 퍼덕인다

창을 열면
무슨 씨를 안고 왔나
요란하게 조잘거린다

애증은 있지만
안아볼 수 없는 거리
무엇이 제비들과 거리를 두게 했는가

놀부는 강남에 땅을 사고
흥부는 시골에 집을 샀으니
현대판의 짓궂은 전설이다

풀잎

하나의 생명으로 태어나
나뭇잎보다 무겁고

세월보다 조금 가벼운
풀잎

하루 종일 빛나던 햇살로
흙의 향기로 살다

가을이 살포시 보이더니
찬 서리에 눕는구나

해바라기의 사랑

종달새야
너처럼 예쁜 노래를 부르지 못해도
나는 미소는 줄 수 있단다

빛으로 달군 흑진주
몇 겹으로 성을 이루다
견고한 가슴을 가지고 있단다

고개를 숙이지 않는 것은
그대를 보기 위함이요
숙이면 볼 수 없기 때문이란다

하루 종일 서 있는 것은
몇 개의 주름이 늘어도
당신을 사랑하기 때문이란다

제3부

저 하늘에서 눈이

전설 같은 눈 이야기

장엄한 구름을 뚫고
발레를 하는 눈

눈썹과 입 코를 붙이면
눈사람은 누구의 얼굴일까

영혼이 있는 눈사람이 있을까

웃으라면 웃고 울어라 하면 우는
십자가에 허수아비 같은 눈사람

하얀 눈에 붉은 잉크를 뿌려봐
순간에 반원형의 무지개 나타났지

입술을 대고 호흡을 해봐
영혼이 살아나는 눈사람이 있었지

신발

신발장엔 수 켤레의 동반자가
정열 되어 있지만
정이가고 편안한 신발이 있다

닳고 닳아 발가락이 나와도
험한 길을 걸어온
의리 때문이 아닌가

뜨거운 아스팔트 진흙길 모래밭길
발바닥이 부르터도
우리는 의지하며 걸었다

내 속을 봐라
냄새나고 비어 있어도 아무나 신을 수 없는
짝이 있기 때문이다

창이 닳아지고 물이 세도
너를 버리지 못함은
믿음과 애착이 아닐까

우리의 맹세는
목적지까지 가는 동안 영근 호두 알처럼
깨지지 않는 약속을 지키는 일이다

지구를 한 바퀴 돌아
천지를 보며
시간의 옆에 눌러앉아 쉴 때도 있었다

정은 자존심이나 사치가 아니다
신발과 나의 한계를 넘지 못했을 뿐
분신처럼 붙어 창을 닦는 내 손길

애착은 느끼는 게 아니라
교감하는 마음이
보석보다 귀한 존재이기 때문이다

원시인의 사랑

사랑이란 무엇으로 정의할 것인가
무성한 산과 동물을 봐라

그 주변이 팽창하여 서로 마주보며
사랑이 푸릇푸릇하다

가슴 털을 벌리며
발가벗고 북 치고
우우 창을 들고 춤을 춘다

의복이나 전대도 없이
살대고 비비고 음부를 지나
왜 사랑이 아름다웠는지 역사를 썼다

자연은 사랑의 제국이요
그 자체로 존중받아야 하느니

하늘과 땅 사이에
원시인의 사랑이여

착한 목숨들이여
빈곤한 사랑이여
사랑을 잡아먹는 욕심들이여

대중목욕탕을 보아라
누가 원시인인가

요술지팡이

나 서 있기가 힘들어요
혼자 설 수 없지만
당신을 생각하면
포기하거나 절망하지 않아요

새벽마다 부르짖는 눈물의 기도로
요술지팡인 하나님이
계신다는 것을 미처 몰랐어요
이제 안심이 되어요

민들레

민들레야
휘파람을 불어봐
파랑새가 날아올 거야

엄마 손을 꼭 잡고 가던 소녀
저 노란 꽃 이름이 뭐야
민들레꽃이란다

활짝 웃는 꽃을 보고
아~ 꽃도 웃는구나
어른들은 왜 웃지 않지?

배려와 귀싸대기

시내버스를 타고
두 정류장을 지나 임산부가 탔다
실눈을 뜬 승객은 양심의 문을 닫는다

착한 일을 할 수 있는
기회를 놓쳐버린 안타까움
적극적인 행함이 답인데

입술을 다문 버스는 시내를 돌아
양보는 꽁꽁 얼어붙고
내 귀싸대기를 정신없이 때렸다

세상이 미치게 변했다
큰 것을 바라지 않는 민족
백의민족인 것을 잊고 산다

되돌아보니 후회스럽고
깨닫기까지
평생이 걸렸다

바람과 여인

일찍 화장을 끝낸 바람
해변을 맴돌다
바닷가에 서성이는 여인을 바라본다

적막한 파도소리
샴푸냄새가 코끝을 홀리는
여인과 차 한 잔 마시는 상상을 했다

매화꽃 머리띠
초록색꽃신

백합 옷고름
우윳빛 살결

산딸기 입술
잠자리 눈빛

개미허리 감싸는 치마폭
참 이쁘다

사랑일까?

봄이 그리워

봄이 그리워
산과 바다를 지나 달려왔지요

산수유 진달래꽃 곰취나물 개취나물 참취나물
파랗게 산을 덮었다지요

세상을 아름답게 하는 일이 어찌 꽃만 이겠어요
서로를 지켜준 작은 풀들이 있다지요

구름 꽃이 핀 하늘을 베고
납작 엎드린 할미꽃도 꿈을 꾸었지요

세상을 닮은 꽃이 아니라
자신의 꽃이 되길 원했다지요

조간신문

나는 백지
너는 백지수표

인간들이 지지고 볶으고
조석으로 조리해
아카로스의 날개를 달았다

평생을 먹고사는 숟가락도
제 맛을 모르듯

정의와 공정도 맛을 잃으면
구덕이가 끓어 날 새들이 쫓아먹고

목숨 걸고 기사를 썼던 선비도
백지가 아닌 백기를 들고 말았다

아카로스의 날개, 인간의 덧없는 욕망

여동생

이슬에 젖은 수국처럼
귀엽던 여동생

키가 크고 콧날이 우뚝했던 동생
우리가 걷는 길은 따로 있었나

출가를 하고 나서야
이슬이 은구슬이 되는 것을

이 오빠는 늦게
깨닫게 되었구나

양파의 일기

달빛이 밟고 간 밭고랑
양파들이 추위를 품고 어둠을 이고 있네.

먼 길을 달려온 히얀 바람
한 겹씩 근육을 키워주네

벗길수록 뽀얀 속살
혹시 백의민족이었나

깜깜이 잠든 뿌리가 깨어나
수 없이 옷을 벗겨내고
아프고 눈물 흘린 만큼

도마 위에선 털끝이 솟고
난타를 당해도
최후의 눈물은 만찬이었네

여인과 바다

파도소리엔 여인의 눈물이 고이고
버려진 신발 한 짝 흐느끼네

남정네가 두고 간 바다
태풍은 서해에서 동해에서도 분다

바닷물은 침묵으로 모래톱을 쌓고
철새는 여인의 슬픔을 물고 멀리 날아

가장 아름다운 꽃이 되어
애틋한 사랑 오 내 사랑이여
이 밤도 나는 당신을 기다리네

바닷물은 치마폭처럼 출렁이고
지난 곳은 역사이고 과거이며
아무 일도 없는 것처럼 바다는 잔잔하다

싸락눈이 내리는 오후

항구마다 수없이 얼어붙은 눈동자

죽은 생명보다 살아있는 생명이 더 슬프다

저쪽 하늘 멀리

그대가 있다기에 수평선을 직시하는

침묵 속에 갇힌 고래는 슬프다

영춘화

아직 쌀쌀한 날씨
아랫도리가 싸늘하네요

그래도 어찌합니까
등을 밀어 올리는 봄이 있잖아요

서리를 머금고 피우는 일
약속을 지키는 일 사명이잖아요

이제 옷매무새 고쳐 입고
신랑을 맞이하는 일 참 기특하지요

저 하늘에서 눈이

하얀 적삼을 입은 신사
백조처럼 고풍스럽지요

보세요
파란 보리밭을 덮었어요

눈사람을 만들어
어머니 이름표를 달아봐요

안아 보세요
조용했던 심장이 콩닥콩닥 뛰어요

참으로 오랜만에
음계처럼 뛰는 어머니의 숨소리가 들려요

대청호 오백리 길

이름도 성도 사라진 수몰지구
4075세대와 2만 6,000명의 지역 주민이
시대의 격랑을 안고 깊은 수심에 잠긴 대청호

무엇이 되고 바라는 의식이 아니라
따뜻한 가슴으로 소박하게 살다 간 마을과
깊은 산골의 침묵이 한줄기 여울로 흘러내리니

이렇듯 맑은 물소리
정무적인 아픔으로
수장된 상처

마을 거위는 마실 나오고
반짝이는 물 울림 하얀 물고기 때
보트 하나 떠있네

수천의 빗방울이 북을 치며
몇 억 톤을 채워
과거와 현재가 지나간 물결

가도 가도 끝이 없는 오백리 길

나의 피가 제도권을 벗어나

소리 없이 흘러가는 생명의 물줄기

혁명

조각난 구름들이
바람에 밀리면
산이 움직이는 것 같네

푸른 하늘은 푸른 산을 안고
귀신이 관직에 오르고
늙으면 요양원으로
자식이 부모를 배신하는 나라
대왕들은 감옥을 간다

이 모든 것이 거짓말이 아니라면
아마도 우주에는
화산 같은 혁명이 일어나네

누룽지 한 그릇

새벽닭 우는 소리
지각도 없이 찾아오는 단골손님

아차, 하면
까맣게 타버린 어머니 마음

보리빵보다
누룽지 한 그릇 천하를 통일하고

구수한 냄새 동구 밖 퍼지면
새벽 강아지들 쿵쿵거린다

소리 없이 밤눈만 내려 쌓이고
딸그락딸그락 설거지 물소리

누룽지 냄새는 사라져도
어머니의 영원한 냄새를 맡는다

호롱불

하얀 눈에는 달빛과 별빛이 묻혀있고
등잔불 그을림 속에
가갸거겨 새로운 지식을 배웠지요

겨울밤
첩첩산중에는 망울망울 목화밭이요
밤을 얼마나 지새워야 봄을 맞이할 수 있을지

뼈가 시리도록
너는 언제나 설야가 되어야 하고
나는 한없이 불을 밝혀야 했지요

밤이 끝고 오는 졸음을 호롱불이 쫓아내고
포기할 수 없는 배움으로
인공지능시대를 맞이하고 있지요

제4부

오늘 하루도

매화꽃

늦서리에
사르르 떨리는 입술
몽글몽글 야무진 봉우리

선잠을 깬 매화꽃
초승달도 수줍어
비껴가는구나

등불이 된 매화꽃
불타는
심지 셀 수 없네

메아리

누가 소문을 냈을까
나의 귀는 당나귀라고

산허리를 돌아 능선을 넘어
심금을 울리는 너의 목소리

내가 불러주지 않아도 그대가 나를 불러주므로
나는 귀를 기울이라

보이지 않아도 보이는 것처럼
신성한 리듬이요

가만히 귀 기울이면
눈물 어린 메아리는 가슴을 울리네

나무의 생각

나무는 무슨 생각을 할까

뿌리를 뻗는 일
움트는 일

푸르러지는 것
물들이는 것
서서히 지는 법

눈이 오는 소리
봄이 오는 소식

기름진 초원에서
키가 크는 일

꽃밭과 커피 향

누구나
커피 잔만 한 꽃밭이 잇다

대추알처럼 무르익은 커피열매
사계절 향기가 시들지 않아 좋다

장미꽃은 짙은 (에스프레소)
라일락꽃은 순한 (아메리카노)
프리지어 꽃은 우유커피의 (라테 아트)

커피 향속에는 언제나 당신이 있어
작은 커피꽃밭을 가꾸고 있다

꿈같은 이야기

하얀 눈이 나비처럼
춤을 추고 있어

제 몸 불살라 영혼을 담은 숯
눈썹과 입 코를 붙이면 눈사람이 될 거야

썰매를 타고
캐럴송을 부르는 산타할아버지 참 멋지지

거짓말하는 자 벌 받는 것보다
눈사람이 더 착하지

나를 안아봐
엄마의 품 안처럼 따뜻할 거야

흰 눈에 마음을 뿌려봐
순간에 반원경의 무지개가 나타나지

눈물은 용서와 화해를

눈물은 뼈나 근육이 없으나
부러지거나 꺾이지 않아요

눈물은 수정처럼 투명하지만
속이는 재주가 없어요

진실한 눈물은
철옹성도 무너뜨리는 힘이 있지요

슬픔과 감정이 없는 눈물은 처절하며
악어의 눈물과 다름없지요

한 방울의 눈물로 세상이 감동하며
용서할 수 있는 사랑이 있지요

바람과 나

간밤에
실낱같은 내 마음까지 업고 간
바람아
한 번 안아나 보고가지

인사도 없이
떠나면
내 마음 아프지 않겠느냐

간혹
나를 흔들어
입맞춤을 하는 일은 또 무슨 심보냐

천 개의 기둥과 만개의 못을 박고
귀틀집 지어주고 떠나는 일은
그리움이 남아 있다는 증거냐

꽃의 밑그림

새싹이 돋아나기 전
자기 얼굴을 그려보기 위해
발밑에 흐르는 물감을 준비한다

움츠렸던 손을 펴
거치대와 붓과 물통을 준비하고

해바라기 눈과 자두 같은 코
연잎만 한 귀와 코스모스 키
라일락 향기
앵두 닮은 입술

내가 그린 밑그림이
풋풋한 향기에

나비가 날아들어 볼을 비벼주는 촉감
오늘은 진짜 기분이 좋구나

소풍

겨울 내내 쌓인 눈이 녹는 것은
몸을 해산하기 위해서다

언덕 뒤편에서 들리는 풍금소리는
초등학교 선생님의 모습이다

진달래 산수유 신나게 피는데 내 짝꿍
맹순이는 보이지 않고

저 너그러운 산을 바라보며
헐거워진 초록의 기억을 더듬어 본다

미친 듯 먹물을 뿌린 하늘이 까맣다
우리의 소풍은 어디쯤 가고 있는가

술래잡기

보일 듯 말 듯
찾아야 할 것은 꼭꼭 숨고
빙빙 돌다 현기증이 납니다

얼마나 시간이 지났을까요
바람 같은 여인이
내 발꿈치에 붙어있지만
보이지 않아요

평생 미로의 게임으로 끝날까
심히 두렵지만

잊어야 할 준비를 가르쳐 주지 않아
오늘도
그림자를 밟으며 빙빙 돌고 있어요

오늘 하루도

오늘도 당신의 그림자만 봐도
살맛이 납니다

오늘 저녁엔 당신의 그림자만 밟아도
밥맛이 납니다

뒤따라가는 그림자만 보아도
하루가 외롭지 않습니다

평생 떠나지 못함은
늙을 줄 모르는 그림자여서 일까요

오늘도 감사와 찬양의 그림자가
동행하므로 기쁘고 행복합니다

겨울 이야기

눈이 내린다
새콤한 동치미와 찐 고구마
궁합이 맞았지

찬바람이 분다
양은냄비에
콩 볶음 제 맛이 났지

문고리에 자석처럼 붙은 손
귀 코가 얼어도
썰매를 타야 겨울 맛이 났지

동짓날
따끈한 팥죽 한 그릇
시렸던 속이 사르르 녹았지

이가 시린 식혜 한 사발
처마 끝에 고드름 따먹고
콩나물 물주는 소리 요란했지

웅덩이 퍼내고
송사리 잡아
매운탕 맛있었지

긴긴밤
할아버지 제삿날
배부른 날이었지

얼은 손
할머니가 호호 감싸주면
마법같이 녹았지

관광버스

떠나자 떠나자
긴장을 풀고 나비처럼 날아
미친 가을의 불꽃을 보러 가자

움츠렸던
날개를 펴고 일상의 이탈이 아니라
파도가 춤추는 파장을 보러 가자

단풍처럼 화사한 등산복
빨간 연지 의자마다 피어
향기로운 여심의 냄새가 난다

여왕벌의 날갯짓과 노래
구름은 바람처럼 창문을 스치고
오늘은 나의 날 모든 것 잊어버리자

바람 한 점에도 자유는 불타고
하루를 풍차처럼 돌려보며
기쁨이 가득한 일상으로 돌아가자

사진의 의무

가장 부패한 곳과 진실한 곳을 볼 때
숨겨야 할지 말해야 할지
딜레마에 빠질 때가 있다

자유가 자유를 지배할 때
목숨 걸고 찍어대던 시절이
역사의 기록이다

숨길수록 더 확대되는 것은
숨길 수 없는 진실이
펜을 들었기 때문이다

농부가 허리를 굽히고
모내기를 하는 모습은
평범한 일이기에 렌즈에 담지 않는다

총과 칼보다
저장된 수십만 장이
법과 권력보다 강하다

영혼의 고향

양지바른 동산에
날개 없는 영혼들이 눈만
반딧불처럼 반짝거린다

병원의 놀이터에는
우리를 부르고 있는 동무들
이 모든 것이 햇빛을 잃은 영혼이다

우리를 데려갈 사람은 누구인가
천사인가 악마인가

포동포동한 피부는 갈라지고 허리는 구부러져
다리는 팔자걸음이다

정신은 탈수되어 병원 갈 일만 남았구나
영혼은 떠나는 것이 아니라 새로운 길로
유모차를 몰며 하늘나라로 가는 일이다

사랑하는 사람과 헤어지는 것이 아니라
헤어진 형제를 만나러 가는 일이다

가장 큰 이별은 죽음이고
가장 큰 슬픔은 죽음을 예감하는 고독이다

눈꽃은 아름답다

봄에 피는 꽃만 꽃이더냐
내가 딛고 서 있는 저 반대편에서
눈꽃은 두 팔을 벌리고 서 있다

쌓인 눈덩어리
더 이상 버틸 수 없어
고개를 숙인 모습이 저리 고운 것을

송이송이
바다에 비친 달빛보다 맑아
눈부신 절정

상고대의 눈꽃을 보았느냐
산 밑에 엎드린 고요
낮은 곳에서 녹는 속삭임을 듣는 나무들

꿀벌

도둑이 따로 없다

이만 마리 군사가
0.3밀리미터 꿀을 사천 번
날아 모은 양식

벌은 추워 죽는 일은 있어도
굶어 죽는 일은 없으니

훔쳐 가는 도둑은 귀신인가
인간인가

한마음 체육대회

푸른 하늘에는 파랑새가 날고 있다

저 함성과 북소리가 들리는가

푸른 대지 위에
눈부신 태양을 이마에 이고

동쪽에는 노란 병아리 냄새가 나고
서쪽에는 짙푸른 솔잎 냄새가 난다

남쪽에는 이내 뜨거운 맥박이 뛰고
북쪽에는 쏟아지는 북소리에 홍시 냄새가 난다

채육대회는 즐거웠다

이든시인선 155
홍시
ⓒ 김부치, 2025

발행일	2025년 5월 17일
지은이	김부치
발행인	이영옥
펴 낸 곳	도서출판 이든북
출판등록	제2001-000003호
주　　소	대전광역시 동구 중앙로 193번길 73
전화번호	(042)222-2536	팩스(042)222-2530
전자우편	eden-book@daum.net
카　페	https://cafe.daum.net/eden-book
공 급 처	한국출판협동조합
	전화 (02)716-5616　(031)944-8234~6

ISBN 979-11-6701-344-6 (03810)
값 11,000원

* 이 책의 판권은 지은이와 이든북에 있습니다.
* 이 책 내용의 전부 또는 일부를 재사용하려면 반드시
  양측에 서면 동의를 받아야 합니다.